Dans le vent...

Lydia Montigny

Dans le vent...

...les mots deviennent plumes...

©2017, Lydia Montigny

Éditeur : BoD-Books on Demand, 12/14 rond-point des Champs Élysées, 75008 Paris, France
Impression : BoD-Books on Demand, Norderstedt, Allemagne
ISBN : 978-2-322-08052-6

Dépôt légal : juillet 2017

PAGE DANS LE VENT

Sur une page blanche, j'ai posé quelques mots
Quelques mots pour te dire, pour te faire sourire...
Et puis le vent a soufflé, a tourné les pages...
Sur le ciel de mes rêves, de soleil et d'eau,
J'ai dessiné les plumes de mes soupirs
Et la profondeur de tes songes... sages...

L'OISEAU BLANC

Dans le ciel, dans le vent,
Il y a un oiseau blanc…
Il déploie ses deux ailes
De douceur protégeant
Tous ces mots si troublants
Que tu lis si souvent…
Dans ce vol émouvant
Mon rêve devient vivant…

CLOWNERIE...

Joyeux drille
Tes quadrilles
Volent en vrille
Comme des quilles

Gai luron
Tous tes bonds
De fanfaron
Tournent rond

Clown farceur
Espiègle rieur
Tu séduis le bonheur
Pour fleurir mon cœur

LA DIFFERENCE

Rue de la Providence
La belle différence
Naquit dans la violence...
C'est sans équivalence
Avec nonchalance
Qu'elle erre sous l'apparence
De leurs ambivalences ...
L'infime différence,
Similitude étrange,
C'est un savant mélange
Au milieu d'évidences...
Que j'aime cette absence
De toute négligence,
Ces abîmes de patience,
Contrastant nuit et jour
D'un transparent amour
Aux couleurs vagabondes
Qui parcourent le monde...
Le respect des différences
Est une belle excellence,
La prudence en puissance
Ou juste une élégance
A quelques tolérances... !
En toute magnificence,
Elle tue le silence,
Son geste de suffisance
N'est pas sans importance !

Et combien de nuances
Voire de vraies ressemblances
Ignorent l'insolence
De leur pure innocence.
Aucune différence
Ne doit être souffrance
Mais rester cette chance
D'une sage divergence.
L'essentielle différence
Est l'encre de l'existence
Sympathique telle la stance
De l'invisible alliance...

Puisqu'il existe sur cette Terre
Quelques morceaux de Paradis
Je donne à l'imaginaire
Toute la douceur de ma Vie...

PONCTUATION

Calés sur l'étagère
Entre « Tout l'Univers »
Et « La Révolution »
Ces signes très artistiques
N'ont pas de phonétique
Mais un livre à leur nom.

Au chapitre premier
Il y a cette virgule
Qui sépare des mots
Venant se bousculer ;
Parfois sur ce bidule
Vient se positionner
Un point comme une bulle
Séparant les formules…

Au chapitre suivant
C'est l'interrogation
Le pourquoi, la question
Suspendus dans le temps…
En réponse on attend
Le point d'exclamation
Comme un saut vertical
Il est presque fatal…

Au chapitre dernier
S'aligneront les points
Solos, duos ou triplés

On en a tous besoin.
Un point et à la ligne ?
Je n'oserai ce signe
Trois points vont bien plus loin
Et j'aime ce chemin...

AVEUGLE

Puisqu'elle ne peut te lire
Elle écoute chaque mot
Comme une mer et ses flots,
Comme un son de la Vie
Savourant la magie
D'un souvenir à l'avenir...

Puisqu'elle ne peut te voir
Elle attend dans le noir
L'inconnu du miroir
Voudrait tant la revoir...

Puisqu'elle peut tout comprendre
Tout apprendre, tout entendre,
Donne-lui la lumière tendre
De ton cœur... sans attendre...

CHOUETTE !

Si l'équilibre est une question de « Sagesse »,
Que dire de l'intelligence à comprendre la lecture
De livres où l'existence est pure ?...
La chouette en a la réponse, en toute noblesse !...

AUTOMNE

Voici venir l'Automne
Dans le regard doré
De mon chat qui ronronne...
Tiédeur mordorée
Et l'abeille fredonne,
Le pâle soleil jaune
S'incline doucement...
Sur le lac, il abandonne
Quelques reflets d'or blanc...

Au loin la cloche sonne
Rassurante et si lente
Et la feuille tournoyante
En tombant lui pardonne...
C'est l'été qui s'endort
Et tout m'étonne encore :
A peine fis-je un somme
Que c'est déjà l'Automne !...

... et il comprit tout le sens de ce livre
lorsque le rêve et le sommeil
se posèrent sur son âme
telle la brume au crépuscule
sur les étangs brillants...

SYMPATHIE

J'ai cherché les mots magiques
Ceux qui font rire, les authentiques,
J'ai trouvé les agnostiques
Et même certains... apocalyptiques !...

Dans l'encrier métallique
Avec une encre sympathique
J'ai mis une plume mélancolique
Puis dessiné des lettres féériques...

L'écriture fantomatique
Est délicieusement romantique ;
De ses courbes artistiques
Que lis-tu là d'anaglyptique ?
Sur mes écrits fantastiques
Ma transparence est juste... poétique...

La séduction…

C'est ce que l'on laisse entrevoir,
Et aussi ce que l'on ne veut pas que l'on voit…

… pire, c'est ce qu'on laisse imaginer…

REVE INDIEN

J'ai rencontré le sage,
Un vieil indien d'un autre âge,
Pour comprendre son message,
Il faut ouvrir sa cage…

J'ai escaladé les roches
Jusqu'au bout de mes forces
C'est l'espoir qui s'accroche
Là où le doute fait l'entorse…

J'ai appris à écouter
Chaque son dans le vent
Et l'aigle s'est posé
Sur le totem géant…

Le vieil indien a mal
De sa terre en sang
La nature et l'animal
Sont murés de fer blanc…

J'ai dansé pour la Paix
Dans la lumière du feu
Et chanté la colère de ceux
Qui respectent la vie
Même si la vie, on leur prend…
Il n'y a pas d'Adieu, jamais,
Un indien me l'a dit,
Tout est question de temps…

… Si tu connais de petits mots,
   Tu peux faire de jolies phrases…

… Je ne connais que quelques lettres…
   Un livre ouvert pour ton cœur…

Fermer les yeux
A l'éblouissement de la lumière
Quand le soleil au zénith se pose
Sur le seuil de la fenêtre jamais close...
Fermer les yeux
Pour sentir dans l'air
La force d'un regard
Et rester immobile
Pour que cet instant fragile
S'attarde dans le soir...

Fermer les yeux
Pour tout entendre
Pour tout comprendre
Ouvrir les yeux
Pour me plonger dans les tiens
Avant que la nuit arrive... enfin...

MELODIE

Il est toujours l'heure d'être LA
Ailleurs est i-SI aus-SI...
SI l'heure est a-DO-RE-e,
Le RE-tard est per-MI-s,
Pour te garder LA
Car ailleurs est i-SI... aus-SI...

LE BALLON

C'est un beau ballon rond
Qui roule où lui semble bon,
Il joue sur le gazon
Avec les pieds d'un petit garçon…
Dans le but ou dans le coin,
Il surprend même par ses rebonds,
La victoire est au point
Et la coupe est… un ballon !…

C'est une balle à papillons
Qui est poursuivie par un chien
Gare à ses dents, ou, c'est certain,
Elles la serreront, l'essouffleront !…

Qu'il soit d'Alsace ou bien oblong,
Sur le nez d'un dauphin
Ou peint sur du satin,
Qu'il soit d'or ou multicolore,
Il est universel, le ballon…
Allez, viens jouer encore…

J'AIME CE VISAGE

J'aime ce visage où l'on peut lire dans le regard, dans chaque ride, les soucis, les succès, les erreurs, les bonheurs, les tristesses, les fous rires, les espoirs, et les peurs...
J'aime ce visage dessiné par la Vie, et seulement par la Vie...
La chirurgie n'y comprendra jamais rien !...

L'instant d'un instinct
Ce livre, tu le choisis…
Tu tiens entre les mains
Les lignes de ta vie…
Ne lève pas les yeux
Le vertige est trop bleu…
Au fil de chaque mot
Le voyage est si beau…
Quand, comment et pourquoi ?
Il n'attend plus que toi…
Ne le referme pas
Car j'y ai glissé là
La clef… de ton avenir…
Prends-la… l'instant… d'un rire… !

C'est dans la transparence du Ciel

Qu'on trouve parfois la force

De rester les pieds sur Terre

MA CONFIANCE

Je te donne mes espoirs
Ceux qui naissent tard le soir
De rêves fous et d'idées sages
Ces envies folles de vie sauvage

Je te donne la lumière
De cette bougie qui danse
Entre tes mains en prière…
C'est mon unique chance…

Je te donne le silence
Et à tes mots, je souris
Plus rien n'a d'importance
Je crois en toi, ça me suffit…

Je te donne ma confiance
Sans condition, sans méfiance
Comme ma vie à protéger
Chaque jour que la vie fait…
Que serait mon existence
Sans l'absolu de ma confiance ?...

On n'invente pas la Vie,
C'est le vent qui le dit
On avance et on prie
Avant qu'elle soit finie,
Et je n'ai qu'une envie
Qui est de croire en lui
Même si le temps s'enfuit
Le temps d'écrire, j'ai pris…

LA TOUR D'IVOIRE

Va droit devant toi
Sur ce chemin
Que tu penses être tien…
Un jour tu t'arrêteras,
Tu chercheras,
Tu feras demi-tour
Croyant revenir sur tes pas.
Tu auras fait un tour à pied
En un tour de main,
Et de ce tour complet
En fait tu n'auras parcouru
Que la moitié !
Va vers cette tour
Et de la question
Tu feras le tour…
Tourne, tourne,
Et si on te joue un tour
Pense que c'est à chacun son tour
Et que ça vaut le détour…
Un tour du monde
Un tour de clef,
Vers ma tour d'ivoire
Je retourne faire un petit tour…

PENSER...

C'est toute la force invisible d'un ETRE...

ECRITS DANS LE VENT

Dans le vent salé
S'envolent les feuillets
Telles des idées ailées...
Elles volent affolées,
Soufflées, soulevées,
Comme de blancs voiliers,
Frêles esquifs poussés
Vers des chants lofés...
Tous les mots sont mouillés
Et viennent t'éclabousser !
Tu es le messager
De mon rêve salé...

Sur le fil de ta libre pensée,

je vais vers toi,

page à page,

en équilibre…

C'est l' « EQUILIVRE » !...

PLANTE CE CLOU

Plante un clou
Pour accrocher au vent
Ces si jolis rubans
Et les vœux qui se nouent
Comme cette étoffe floue
Flottant à mon cou...

Plante un clou
Pour accrocher ici
Ce miroir un peu flou
Qui tendrement te sourit,
Ou l'image de ce loup
Ayant peur de la nuit,
Son regard si doux
Dans la lune luit...

Plante un clou
Au milieu de cette heure
Comme un code d'honneur,
Dans l'enfer du silence,
Dans la douce patience,
Dans le ciel de ce lit,
Dans l'amour que tu cries...

Plante ce clou
Au cœur de mon cœur
Pour que saigne mon corps,
Qu'il soit d'acier ou d'or
Il sera le bijou
D'une larme de bonheur...

Ils ont posé des couleurs et des formes sur le monde,
Ils ont ordonné des lois et un sens à leur ronde
Mais en vain... je resterai le mot que tu écris
Et que, dans ton silence, je lis...

POUSSIERE…

Au crépuscule dans la lumière
Je suis là, douce poussière…
Sur les photos vieillies, jaunies,
Je t'invite au paradis…

Parfois si grise, d'un volcan fou,
Comme insoumise au temps jaloux,
J'explose, me grise de tant de liesse,
Et retombe en délicatesse…

De temps à autre, floconneuse
Je scintille d'un bleu glacé,
Légère et silencieuse,
Au soleil, je disparais…

Tu sais dans le ciel endormi
Il y a la poussière des étoiles,
Mais je suis juste sentimentale,
Poussière d'espoir dans ta vie…

Une tendre poésie
Irisant le camaïeu de ton âme,
C'est le soupçon exquis
De la dentelle d'une larme...

J'ai gommé les mots
Incroyablement beaux
Jeté dans les vagues et les flots
De majestueux bateaux,
Lancé dans les airs des oiseaux,
En ré mineur, des concertos…
J'ai gommé les zéros
De tous les joyaux
Excepté ton anneau,
J'ai mis en morceaux
Tel un lionceau
Tous tes doutes cruciaux…
Je n'ai su gommer de ma peau
L'invisible trace de cette eau
Ce tatouage en duo
Premier ou dernier mot…

Face à l'horloge,

On comprend pourquoi le balancier fait écho…au battement de ton cœur…

TAXI

Il s'arrête près d'elle,
Elle ouvre la portière,
C'est la seule passagère
De cette nuit si belle…

Il roule dans ces rues
Avec cette inconnue
Sans savoir où elle va…
Oui… comme au cinéma…

Dans le rétroviseur,
Elle capte son regard
Et même s'il se fait tard
Elle le fixe sans peur.
La douceur des lueurs
De ces grands réverbères
Tamise la chanson
D'un vieil accordéon…

Il roule, roule encore
Destination sans nom
Qu'importe… puisqu'elle dort…
Au matin d'un frisson
Elle se réveille enfin…
Qui conduisait… son destin ?...

A poursuivre toutes ces ombres à la fois,

Il faudrait savoir choisir :

Celles de l'imagination ou celles de la Vie…

Alors soit ma Lumière … !

AU JARDIN…

Dans un coin du jardin,
Où flottent mille parfums,
Tant de choses sont cachées :
Il y a la plante préférée,
L'arbre qui ne cesse de grandir,
La fleur qu'on voit s'épanouir…
Et puis, tout ce qui se tait,
Tout ce qui est là, sans se montrer,
Et qui fait de ce jardin
La fierté du jardinier !
Il connait dans le matin
L'oiseau qui vient le saluer
Et dans les derniers rayons de soleil
Le ronronnement de l'abeille…
La vie est là…
Prenons le temps de la regarder,
De la re-regarder,
Pour la sentir vibrer
Et la ressentir en toute humilité
Dans son âme nous émerveiller…
C'est le jardin des vérités…

A IDEFIX...

Un chat roux ronronne...
...lové dans un rond de lumière chaude...
Langoureusement, il étire son dos, son cou, ses pattes, et sort ses belles griffes blanches...
Enfin il baille longuement, telle la panthère, et se détend, laissant son corps tout à coup, lourd et souple...
Le chat continue son « ronron » sourd et fort, les yeux d'or clos...
Berceuse irrésistible...

VELOURS DE NUIT

La nuit se penche
Pose tendrement
Son étole étoilée
Sur mes épaules lasses...
Un soupir s'épanche
M'étreignant doucement
Le ciel jamais n'efface
Le velours d'un souhait...

LE GOELAND

Le grand goéland
Plane lentement
Ses ailes immenses
Blanches déployées
Dans le vent frais...
Gracieusement, il danse
Par-dessus la mer
Cherchant du regard
Entre le bleu et le vent
Une saupe ou un sar...
Il a vu des bateaux
Partir et revenir,
Des soleils dans l'eau
Naître et mourir...
Majestueux géant,
Il vole doucement,
Veillant sur le bonheur,
Simple vent de candeur...

L'AMITIE

C'est un chausson de danse... il suffit qu'il se dénoue pour que tout le ballet ne puisse plus danser...

Mais rien n'interdit de danser pieds-nus...

1000

Le temps s'écoule dans l'atmosphère...
Même si tu as 1000 choses à faire
Prends garde à la marche du désert :
Sa fièvre brûle sans en avoir l'air...

Le monde court dans tous les sens
Et trop de monde s'en balance.
L'histoire s'écrit, presque grandiose
Les siècles remplacent les années
Et tout ce que tu composes
Griffonne-le sur le papier...
Tu vas, tu viens, il n'y a pas d'urgence,
Entre deux notes, tu y penses...
Et si le temps ne compte plus
Qu'il est comme suspendu,
C'est que l'instant t'a absorbé,
Cela semble une éternité...

Le temps s'écoule et le silence
Lui donne toute sa cadence...
Laisse-moi briser le sablier
Il y a 1000 vies à inventer...

Un jour tu écriras
Quelques lignes, quelques mots,
Et l'encre coulera
De ton cœur de velours...
Un jour tu liras
L'histoire d'un stylo,
A l'encre sur la soie,
Il dessinait l'amour...

MOJI

Quel est ce logiciel
Défiant l'artificiel,
Le présent irréel,
Faisant de la vie un pixel ?
Je ne suis pas virtuelle...
Le langage universel
N'a de concept formel,
Je préfère la dentelle
Du code confidentiel,
Au modèle cruel
D'un mode inconditionnel...
Quelle est cette étincelle
Aussi douce que sensuelle ?
Un moji immortel
En mémoire éternelle...
Quel est ce logiciel
Courriel de ce Ciel ?
Un icône existentiel !...

J'ai mal sans repos

… un tempo crescendo…

J'ai mal à ce vide

Candide chrysalide…

J'ai mal de ce rêve

Car tu en es le glaive…

NUAGE…

Je me ferais nuage
Blanc au milieu des cieux
Pour faire rêver ton âme
Et l'azur de tes yeux…
Je serais la forme sage
De l'oiseau en plein vol
Ou d'une vague folle
Que ton rire désarme…
Je me ferais nuage,
Essuierais cette larme
Au soupir de l'air calme,
Ou bien nuage de brume
Voire oreiller de plumes
Pour te regarder dormir
Et même te voir sourire…
Je me ferais nuage
De bonheur et de paix
Dans un ciel d'éternité…

Se balancer ... entre le rêve et la vérité ... entre hier et demain... entre le jour et la nuit... entre l'apesanteur et la force centrifuge...

... Comment trouver le sommeil ?...

… Et parfois je tourne en rond
Cherchant un mot ou bien un son,
J'erre ici, ailleurs, sur une page
Sur une photo, ou une image…
Je croyais que Tout…
J'imaginais que Rien…
Tout, est autour de Rien
Mais n'inclut pas Tout,
Et pour un Rien du Tout,
Il va du Tout au Rien…
Et je n'en sais plus Rien
D'ailleurs, Rien est quelque chose…
La vie en est la virtuose…

A cette heure tardive
L'indolence fautive
De nonchalance vous berce
Dans une suave mollesse...

... bonne nuit...

L'ELEPHANT

Il marche comme un roi
Résolu et constant
D'un pas presque délicat
Il s'en va soulevant
Cette lourde poussière...
Il barrit, tellement fier !
Ce géant de tendresse
Déborde de sagesse...
Parfois il pleure encore
L'absence d'un proche,
On le croyait si fort...
Son cœur n'est pas de roche
Mais sa mémoire immense...
Il marche en cadence
Oubliant sa noblesse
Et ses belles défenses...
La colère de son cri
Dans la jungle s'évanouit...
L'intelligence est reine
La haine... une porcelaine !...
Ne vous y trompez pas,
L'éléphant est un Roi...

ETRE HUMBLE...

Etre humble, c'est ouvrir les yeux le matin et sourire en cette nouvelle journée...

... et la vivre tout simplement pour chacun de ses instants...

La lettre reste inachevée...
... Comme une encre délavée
Par l'orage de tes yeux,
Par ce temps si furieux
Que tu délaisses parfois,
Parce qu'elle n'est pas là...
Voici l'absence des mots
Invisibles mais beaux,
Ils restent dans l'absolu
La vérité simple et nue,
Un ave à la Vie inachevée
Une rose blanche posée
Sur un grand échiquier...
Elle ne sait pas y jouer...

LA MER...

... Roule et déroule tes longues lames qui s'étalent sur la plage blonde...
L'hiver est là, glacial blizzard... et tes vagues s'étirent, à l'infini sous l'infime trace d'un pas...
Elle ?
Elle erre là, légère, virevoltant dans le vent, l'air latent...
Elle attend le printemps... et la mer a le temps...

COTE JARDIN

J'aime ouvrir la fenêtre
Côté jardin dès le matin
Sentir la résine des pins,
Des lavandins et du thym…
Le soleil se pose sur ma main

J'aime ouvrir la fenêtre
Lorsque la fraîcheur de l'eau
Eclabousse le sol chaud…
L'été brûle doucement ma peau
Le soleil me tatoue le dos

J'aime ouvrir la fenêtre
A la douceur de la nuit,
A la luciole qui sourit
En voyant la lune qui luit
J'aime ouvrir la fenêtre
Côté jardin, face à la Vie…

« EN-CŒUR »...

Cœur contre cœur ?
L'accord d'un corps à cœur
Et d'un corps... par cœur...
Un corps à corps ... encore...

ECRITURE DU SOIR...

Le stylo glisse
Sur la feuille lisse...
Des silhouettes se dessinent
Posées sur une ligne,
Et s'enroulent lascivement
En boucles ou en spirales...
Attitude gracieuse du vent
Qui délie sous l'étoile
Les arabesques de son cœur
Irisé de bonheur...
C'est la calligraphie de la vie
Qui décline à tous les temps
Les imparfaits des écrits
Et subjonctifs présents...
A la lueur de mes sens
La plume s'envole... Attends !...

J'attends, dans le vide suspendue
Après le fil de cette vie
Si droite, si simple, tendue
Entre hier et demain
J'attends que tu me prennes dans la main
Doucement, dans le vent, sans un bruit...

Signé : une pince à linge sur son fil...

---A LA VIE…

J'écris en vent
Car la rose s'est brisée
Par des vents trop violents
Je souffle de l'été…

J'écris en sel
Les larmes de mon âme
Pourvu que ton ciel
S'écrive en soleil…

J'écris en bonheur
Des vœux protecteurs
Pour que coule en ton cœur
Une tendre chaleur…

J'écris en pardon
Les mots sauvageons
Et en merci aussi
Cet instant de vie…

... ? ...

A l'encre de chine, j'ai écrit ton nom
Indélébile ligne sur l'horizon...
J'ai tatoué là, ton blason,
Il est ancré en moi... doux et d'or tel un poison...

Que veux-tu ?

… Rien… puisque le temps est le temps de tous les temps, tout le temps, la vie en attend
tant…

… Rien… puisque ci-gît celui qui dit qu'aujourd'hui le sage agit comme un sujet qui ne s'assujettit jamais…

Que veux-tu ?

… Rien… puisque ce que je veux, c'est « qui »…
puisque ce « qui » est « toi », ce « qui » est « tu »,
est autant question que réponse…
… puisque « rien » n'existe que dans le néant, et nous n'en faisons pas partie…

NEIGE ?

Il a neigé dans le jardin…
Le silence du manteau blanc
A engourdi tous les bruits…
On entend un enfant qui rit :
La neige froide le surprend
Et glace ses petites mains.
« Petite boule deviendra
Bonhomme de neige dans l'hiver blanc » !
Mais une chose minuscule
A couru et sauté sur l'enfant
Qui titube, recule, et tombe là,
Le visage dans un monticule !
Et lorsqu'il releva son nez
Deux petits yeux noirs le regardaient !
L'enfant sourit alors, tendant
Ses petits bras à son ami :
Un tout petit chien blanc, si blanc
Neige… serait un joli nom pour lui…

L'INCONSCIENCE…

C'est cette détermination légère

Avec laquelle on écarte un « peut-être »,

D'un chemin qui existe à peine…

Et pourtant…

MEMOIRE

Désolée... Je n'aime pas imiter
Faire croire, décalquer, copier...
J'ai arrêté le réveil et son cri
Le jour et la nuit sont inscrits
Sur le cadran de l'indifférence.
J'ai froissé dans l'impatience
Le mur du silence
Qui ne reflète plus l'espoir.
J'ai déchiré le temps
A coups de rires et de dents,
Ai couru vers toi
Même si tu n'étais pas là...
Désolée... Je suis cette mémoire
Immuable de l'histoire,
J'appartiens à la Liberté
En ce monde d'exister... Désolée...

ETOURDERIE

J'ai crié ton nom !
Tu n'as pas répondu...
Il faisait nuit déjà,
Il faisait bientôt froid...
J'ai crié ton nom !
Tu n'as pas entendu...
J'ai pleuré pour la première fois
Devant la porte.... Oups !... Ce n'était pas
CELLE-LA !...

ECOUTE …

Ecoute le doux murmure des mots sous la chaleur de cette mélodie…

… Rien ne bouge… à peine l'air bleu dans les grands pins…

Le soleil pose délicatement sa lumière sur le seuil de la porte entrouverte… écoute le chant de la nature si pure…

Ecoute la transparence de la vie qui ruisselle sur ton âme… Abandonne-toi un instant dans une respiration lente et profonde…

Ecoute le sourire de cette présence… et réponds-lui… mais en silence…

Chaque mot à sa musique,

Son tempo,

Son élan,

Son silence,

Son absence,

Mais il est avant tout

la Clef

De toute l'Ame…

ETINCELLE

L'amour n'est pas un grand soleil
Ni une longue mélodie
Ni même un océan infini...
Mais c'est une petite étincelle
Qui illumine au plus profond ton regard
Comme un astre immense et rare
Comme une note de musique
Subtile et philharmonique
Comme une goutte de ce ciel
Où je me noie et m'émerveille...

Serait-ce un véritable luxe

demain

que celui de regarder la vie passer...

... sans s'arrêter, jamais... ?

Il arrive indéniablement
Avec son froid fulgurant…
Il va, glissant doucement
Sur le sol se verglaçant,
Et ses yeux se plissant
Pour entrevoir le blanc
Déposé sur les champs…
Il bouscule le vent,
Pour passer d'un pas lent
Le ruisseau pétrifié,
Sans y tomber…
Le piège est imminent…
Les cascades sont sculptées
En scènes imaginées
Par un enfant émerveillé
Et les fleurs se sont cristallisées
Sur les vitres abandonnées
D'une cabane fermée…
Dans ce paysage marmoréen
Il hurle… Il hurle… tel un loup sibérien…

(... à cette bonne vieille machine à écrire mécanique,
à ruban encreur...!)

Quelques lettres qui sortent du silence
Quelques lettres qui claquent sur une page blanche...
Les doigts qui tapent sur le clavier avec insolence
Comme sur les touches d'un piano, musicale avalanche...
A l'encre noire, la vie s'écrit,
A l'encre rouge... elle s'écrie !

...G...AG... !

Le texte s'est effacé, dans son voyage,
Les lettres ont disparu dans son sillage...
Mes idées en vagabondage
Ont fait naufrage sur ton image,
Le bonheur nait sur ton visage
Quand tu m'aperçois dans l'orage
Sauvage de ton cœur si sage...
Les mots de ce présage
Se diluent dans l'adage
De ce mirage sans nuage...
Les lettres disparues de ma page
Sont les notes de ton rire... et c'est ton gage !

La volonté de guérir n'est pas dans l'absence de souffrance,

Mais de savoir pourquoi,
Pour qui,

On ne veut pas mourir…

Alors, on se bat…

PARDONNE-MOI…

Pour cet orage grondant si fort
Et tambourine dans mon cœur,
Pour ces éclairs dans mes yeux
Assombrissant ton regard bleu
Pour ces torrents venus d'ailleurs
Et qui débordent de douleur
        Pardonne-moi…

Pour ces montagnes que je dresse
Ces véritables forteresses,
Ce, pour ne pas qu'on te blesse :
Un grain de sable a sa noblesse…
Je suis la proie de l'innocence
Comme un sourire sans défense
        Pardonne-moi…

Pour toutes ces heures de patience
Au rythme lent de ton absence,
Pour la seconde où tu avances
Et viens lui briser la cadence,
Pour tout ce temps auprès de toi
Et qui s'éveille sous nos doigts
Pour tout ce qui vit et sera,
Pour ce qui devrait être et que je n'ai PAS…
      … Pardonne-moi…

... PETIT BONHEUR...

C'est tout un bonheur d'écrire,
Puisque tu vas le lire...

Alors je n'arrête pas d'écrire
Et d'écrire...

Mais je crains ce vide
Qui pourrait s'ouvrir sur une page blanche...

OUVRIR UN LIVRE …

J'ai ouvert ce livre poussiéreux…
Combien semblait-il mystérieux
Posé au coin de l'étagère…
La tentation était légère
Audacieuse, délicieuse,
D'y succomber, j'étais radieuse !...
Hissée sur la pointe des pieds
J'ai pu enfin l'attraper !
Devais-je l'ouvrir ou pas ?
Quelle histoire s'écrivait là ?
Assise à la lueur du jour
Il n'y avait plus rien alentour,
Je n'osais l'ouvrir encore
Pourtant mon cœur battait très fort…
Et puis les pages se sont ouvertes
Une à une, elles se sont tournées
Je les ai lues doucement, certes
Mais n'étaient pas numérotées…
Le hasard n'y a pas sa place
Et chaque ligne suit ta trace :
Ton histoire appartient au livre
Ou bien le livre à ton histoire…
Toujours est-il que dans le soir
Je fermais doucement ce livre
Comme on ferme délicatement
La porte derrière laquelle l'enfant
S'endort les poings ouverts, souriant…

1'S'TEMPS

J'ai dit au temps : « Va-t'en ! »
Il a répondu : « …Dans quelques temps »…

J'ai dit au temps : « Attends ! »
Il a répondu : « Je n'ai pas le temps ! »

J'ai dit au temps : « Il était temps !.. »
Il a répondu : « Tu as compris… maintenant, j'ai tout mon temps »…

INFORMATION

Voici quelques lignes informelles
Ecrites de façon intemporelle...
Que deviendrait notre vie
Si, par tant d'informations
Reçues à tort ou à raison,
La désinformation
Venait nous traquer sans répit ?
Serions-nous déformés
Contrains d'être réformés,
A peine formés ?... Soyons formels
D'où vient-elle, où va-t-elle ?
Mais je préfère la connaissance
A l'abîme de l'ignorance
C'est là, une forme de... savoir !...
...A voir...

CODE

Le monde veut tout coder
Gestes et identités,
La dichotomie veut tuer
Les sentiments innés,
Et faire des aliénés
D'Aliens programmés
Pour crypter d'insensées
Puces dans nos pensées….

Une vie numérique
N'a pas de code magique
« Game over » est l'idée
D'un geek désespéré…
Même si le monde abonde
De tant de performances
Et qu'un jour se confondent
Les codes piratés
Je garde en secret
Mon ADN codé…

L'AMANDIER

En haut de la colline
Est une bergerie.
Une vieille glycine
S'entortille depuis
Tant d'années à tenir
Ses pierres fatiguées.
Sous le gros amandier
On peut la voir sourire
Les cheveux ruisselants
Sur son visage confiant,
Pour le rêve insouciant
De son prince charmant.
Elle avait bu cette eau
D'un puits béni des cieux
Et elle ferme les yeux.
Les gouttes sur sa peau
Semblent une parure :
Simplicité si pure…
Rien ne viendra troubler
La paix de son sommeil,
Ni cet oiseau qui veille
Chantant l'éternité,
Ni la brise tranquille
Doucement parfumée…
Elle reste immobile
Son corps semble si froid
Mais son cœur ne le sait pas…

ETRE OU AVOIR ?

Et le verbe Voir ?
Peut-il tout prévoir
Tout concevoir
Sans jamais décevoir ?
A savoir si son devoir
Aura le pouvoir
D'apercevoir
Voire, de revoir
Sous ce temps à pleuvoir
Son ami l' « avoir »...
Cela dit, sans s'émouvoir
Il ne put lui dire « au revoir »

Elle erre dans la ville
Souriante et tranquille,
Ses pas l'entraînent là
Légère elle s'en va
Vers ce jour, vers cette heure,
Où poindra le bonheur...
Elle traverse la vie
Et la vie la poursuit,
Tout bruit s'évanouit
Elle s'arrête et s'écrit...
Elle rit et écrit
Décrit ce qui l'éprit
En traversant la nuit
Juste... tu lui as souri...

LE CHEMIN (chanson)

Rien oublier d'un souvenir
Qui était là à me sourire
A me sourire
Rien à dire pour ne pas souffrir
Le temps ne pourra me guérir
Et c'est bien pire

Refrain :
Ma vie a croisé le chemin
De ton chemin
Ma vie s'est brisée sans ta main
Pour tenir ma main

Tout et croire encore en toi
Même si le temps est roi
Même si tu n'es plus là
Tout, j'imaginais tout avec toi
Les regrets sont pour moi
Les refrains des pourquoi

Refrain

Nous, entre rien et tout, c'est tout
Et vous me souriez, c'est fou
Je vais je ne sais où
Je garde autour du cou
Le silence de ce nous
Partout autour de nous…

IL PLEUT...

Il pleut sur la ville...
Dans les parcs et les rues
Les lumières scintillent
Sur les luisantes statues,
Quelques flaques se forment
Au pied des grands ormes,
Les oiseaux y viennent
Et tout joyeux, s'y baignent !

Il pleut sur le pavé
Glissant à souhait... !
Toutes les gouttes du ciel
Carillonnent à merveille !...
S'ouvrent les parapluies...
Dommage, c'est la vie
Qui tombe, ravie,
Sur ton visage... et tu ris... tu ris !...

Comme une petite étoile,

Un jour tu liras ça... je ne serai plus là, juste sous tes yeux, ni dans tes yeux

Mais au-dessus de toi... là-haut !... tu me vois ?